PIER PAOLO SPOSATO

I 6 PILASTRI DELLE AZIENDE

Come Costruire Solide Fondamenta per la Tua Azienda per Affrontare i Periodi di Crisi e Uscirne Vincenti

Titolo

"I 6 PILASTRI DELLE AZIENDE"

Autore

Pier Paolo Sposato

Editore

Bruno Editore

Sito internet

http://www.brunoeditore.it

Sommario

Introduzione

Mai come in questo momento le piccole e medie industrie hanno sofferto per una crisi così profonda, provocata, indubbiamente, da eventi sovranazionali, ma anche dalla crisi economica e politica del nostro paese. Migliaia di aziende hanno chiuso e, purtroppo, le previsioni sono tali da far temere per la sopravvivenza di altre migliaia d'imprese.

Leggevo, d'altro canto, un Articolo apparso su «Panorama» n.18 del 24 Aprile 2013 intitolato *Il paradiso della classe operaia*; l'articolo parlava dell'incredibile successo che sta avendo la Lamborghini che, dal 1998, fa parte della galassia Audi Wolkswagen.

Non si possono fare paragoni tra questa realtà così diversa per dimensioni e beni prodotti e la nostra PMI; quello che però mi ha colpito sono alcuni commenti dei suoi manager a spiegazione del costante successo che l'azienda ha ormai da anni. L'articolista metteva in risalto cinque aspetti:

- il forte senso di appartenenza che si respira in azienda;
- la formazione dei dipendenti ritenuta fondamentale per la crescita della società;
- la retribuzione più alta dello standard di mercato;
- il rispetto della persona e la tutela dei diritti;
- un confronto maturo con le organizzazioni sindacali.

Non si può, quindi, nascondere un aspetto che connota gran parte delle nostre piccole e medie imprese: molte di esse nascono da iniziative famigliari che, nel tempo, non hanno avuto modo di stabilire delle solide fondamenta su cui iniziare a costruire uno sviluppo futuribile. Oggi però è come assistere a un terremoto.

Le case costruite con i moderni sistemi antisismici hanno la probabilità di resistere a terremoti di notevole intensità, mentre quelle più antiche e non ammodernate sono distrutte anche da sismi di media-bassa intensità. Verrebbe spontaneo chiedersi quali siano le ricette messe in atto da quelle aziende che si dimostrano in grado di resistere o addirittura prosperare in marcati periodi di crisi generalizzata; molti studi sono stati fatti in questo senso ma, senza necessariamente ricordarli tutti, è sufficiente constatare che nessuno è riuscito a dimostrare se esista o meno una ricetta ideale. Una conclusione si può comunque trarre: è necessario ritornare ai processi fondamentali di gestione aziendale, come spero dimostri il caso Lamborghini.

È come dire che una casa costruita su solide fondamenta non è certo che possa resistere a qualunque terremoto, ma ha molte più probabilità di quelle costruite su fragili fondamenta. Questo corso si pone l'obiettivo di verificare quanto solide siano quelle della tua azienda, assumendo che i pilastri portanti dovrebbero essere: la missione aziendale, il processo di comunicazione, l'individuazione delle mansioni, il processo di selezione e assunzione del personale, la valutazione del personale e la formazione e sviluppo dei dipendenti.

Il corso, continuando la metafora degli edifici, cercherà di dimostrarti quale ruolo hanno i singoli pilastri e con quale materiale dovrebbero essere costruiti; è ovvio che le fondamenta di un grattacielo dovranno essere molto profonde e costruite con cemento della migliore qualità; uno stabile di pochi piani richiederà scavi meno profondi, ma dovremo sempre impiegare materiali di qualità, visto il compito che queste strutture devono svolgere per assicurare stabilità all'edificio.

Sarà dunque chiaro che, se la tua azienda sta poggiando su pochi pilastri magari anche di discutibile qualità, potrebbe non essere in grado di resistere a una delle prossime crisi, di qualunque natura esse siano.

CAPITOLO 1:
Come diffondere l'immagine aziendale

Ho trovato molto interessanti i risultati di un'indagine condotta dalla società di consulenza All Winners su un significativo numero (circa 370) di dipendenti di piccole e medie aziende italiane. Scopo dell'indagine era quello d'individuare quali elementi di leadership i dipendenti ritenessero aver avuto maggiore impatto sulla loro motivazione e sulle loro prestazioni.

Non entro nei particolari dell'indagine che, se interessa, può essere visionata sul sito della All Winners, ma voglio richiamare l'attenzione su un risultato che ha sorpreso i datori di lavoro cui l'indagine è stata presentata.

Era stato sottoposto ai dipendenti un questionario con il quale si chiedeva di scegliere tra 10 fattori differentemente motivazionali, quelli che i leader avrebbero dovuto maggiormente adottare per risultare carismatici nei confronti dei propri collaboratori. I datori di lavoro si aspettavano che le risposte si sarebbero concentrate sugli aspetti economici ma, con sorpresa di tutti, i tre fattori più votati come fondamentali sono risultati essere:

- dare certezze sul futuro, mostrando una strategia aziendale nel breve - medio e lungo termine;
- indicare una meta chiara a tutto il gruppo e condividendola con le persone;
- delegare alle persone giuste e creare opportunità di crescita.

La sorpresa appare ancora più giustificata se si tiene conto anche dei due fattori meno votati, che sono risultati essere:

- fare lui per primo quello che chiede agli altri;
- premiare economicamente quelli che s'impegnano di più.

La missione

I risultati dell'indagine mi hanno, ovviamente, colpito in quanto, perfettamente in linea con gli obiettivi di questo primo capitolo, evidenziano la necessità di portare a conoscenza dei dipendenti le strategie aziendali e di creare un ambiente meritocratico, per dare alle persone la possibilità di crescere, laddove abbiano la volontà e le caratteristiche per meritarselo.

Possiamo, allora, adottare un altro interessante parallelo tra le scelte cui è chiamato un imprenditore e quelle che spettano a un comandante di una nave: quest'ultimo, quale sia l'imbarcazione al suo comando, (passeggeri o merci, da crociera o petroliera ecc.) ha un preciso compito: deve salpare da un porto e, dopo un prevedibile tempo, seguendo una rotta prestabilita, deve raggiungere una meta programmata e attraccare. È possibile che durante la traversata incontri un tempo talmente perturbato da dover cambiare la rotta, ma solo temporaneamente, poiché il punto d'arrivo dovrà rimanere quello prestabilito.

Il comandante della nave, per rispettare il suo mandato deve avere chiari tutta una serie di dati:

- quale imbarcazione ha al suo comando in termini tecnici e di equipaggio poiché, con il suo ufficiale di rotta, dovrà essere in grado di calcolare quanto tempo impiegherà a condurre la nave nel porto di destinazione;
- cosa sta trasportando, in quanto ciò dovrà guidarlo nella scelta dell'equipaggio di cui avrà bisogno, sia in termini numerici che qualitativi;
- quali caratteristiche ha l'armatore cui appartiene la nave,

perché ciò determinerà il trattamento che potrà riservare all'equipaggio e/o agli eventuali passeggeri.

Chi di voi ha avuto l'avventura di partecipare a una crociera si sarà accorto che, almeno nelle navi più moderne, al momento della partenza, appare sugli schermi televisivi disposti nei punti di ritrovo quali saloni, bar, ristoranti ecc., il rilevamento satellitare dell'imbarcazione con già tracciata la rotta che seguirà per arrivare al primo porto di destinazione.

Appena la nave lascia l'attracco iniziano a comparire la sua velocità, l'avanzamento, i punti d'interesse che man mano avvicina, le condizioni meteo e l'ora d'arrivo. Siate certi che le stesse informazioni sono fornite all'equipaggio e non solo ai passeggeri; ebbene tutte quelle notizie fanno sì che, in ogni momento, tutti sappiano dove la nave si trova e come procede la navigazione. Riportiamo adesso questo esempio a livello aziendale. La migliore definizione di missione che ho trovato in letteratura, a mio giudizio, è la seguente.

SEGRETO n. 1: la missione esprime lo scopo dell'impresa, il

perché essa esiste e in cosa si differenzia dalle altre aziende concorrenti.

La missione serve a stabilire qual è il fine di un'organizzazione, la ragione stessa della sua esistenza, permette di fissare la strada da seguire partendo da quella che è la sua situazione attuale e disegnando il futuro che si intende realizzare. Mi sembra, quindi abbastanza chiaro il parallelo tra imprenditore e comandante di nave; stabilire qual è la missione della tua azienda risulta necessario per:

- definire la cornice operativa in cui operi;
- stabilire gli obiettivi che l'azienda intende raggiungere in quella determinata cornice;
- descrivere le strategie che intendi adottare per raggiungere quegli obiettivi.

Definire la missione potrebbe sembrare un puro esercizio da tavolino, ma così non è; le dichiarazioni contenute nella missione, laddove l'azienda si comporti in maniera coerente, dovrebbero influire su diversi processi organizzativi quali ad esempio la composizione del team, la scelta del business, l'adozione di specifici comportamenti nei confronti del personale e del mercato.

L'enunciazione della missione (*mission statement*) può essere molto semplice o abbastanza dettagliata, ma il suo intento rimane quello di fornire una guida operativa a tutto il personale dell'azienda; alcuni esempi possono rendere l'idea meglio di tante parole:

- Walt Disney: «Rendere felici le persone»;
- McDonald's: «Far leva sulle capacità, i punti di forza e le risorse uniche della nostra diversità per essere il migliore fast food del mondo»;
- Amazon: «La nostra *vision* è quella di essere l'azienda al mondo più orientata al cliente e di costruire un posto dove la gente può venire, trovare e scoprire qualunque cosa vorrebbe comprare on line»;
- Vodafone: «Arricchire la vita dei nostri clienti per mezzo dello speciale potere delle comunicazioni mobili»;
- Luxottica: «La missione del Gruppo Luxottica è dedicarsi alla protezione degli occhi e alla valorizzazione dei volti di donne e uomini nel mondo, realizzando e commercializzando occhiali da sole e da vista di elevata qualità tecnica e stilistica al fine di

massimizzare il benessere e la soddisfazione dei consumatori»;

- Nero Giardini: «L'obiettivo era e rimane creare scarpe e accessori di alta qualità, in Italia, difendendo così il nostro *know-how* e creando posti di lavoro, ricchezza e benessere. Svolgere le lavorazioni principalmente nel nostro paese è per noi una vera e propria missione».

La lettura di questi pochi reali esempi può chiarirti immediatamente se le aziende interessate hanno messo in pratica ciò che dichiarano nelle loro missioni; infatti non ci si può limitare a fare delle dichiarazioni, ma è necessario mettere in atto delle decisioni che quelle dichiarazioni impongono. Definita una missione è necessario fare due controlli:

- è possibile da questa ricavarne valori e comportamenti strategici per l'azienda?
- la missione è spiegata e trasmessa a tutti i dipendenti?

Posso immediatamente dimostrarti quale impatto può avere la missione su alcuni degli altri processi organizzativi; proprio nel prossimo capitolo approfondiremo il problema della descrizione delle mansioni.

SEGRETO n. 2: un mansionario non è completo se non descrive anche i comportamenti strategici definiti nella missione.

Altro esempio: se un'azienda dichiara di essere orientata alle persone, per essere coerente dovrebbe dimostrare d'investire nella formazione e sviluppo del personale e di avere delle politiche indirizzate a un'attenta gestione delle risorse umane. Ugualmente un'impresa che commercia prodotti di alta tecnologia e dichiara di essere orientata alla ricerca e all'innovazione, dovrebbe di conseguenza destinare una rilevante parte dei propri utili alla scoperta di nuovi prodotti.

Oggi, in molte dichiarazioni contenute nelle missioni, si legge che l'azienda è orientata al cliente (*customer oriented*); questa enunciazione, se realmente sentita dalla proprietà e dai dipendenti, è estremamente impegnativa, poiché presuppone una specifica formazione del personale e comportamenti organizzativi indirizzati a porre particolare attenzione nei riguardi dei potenziali clienti. L'imprenditore, poi, non può limitarsi a enunciare una missione che sia realmente coerente con i suoi obiettivi di business; deve assicurarsi anche che sia trasmessa, compresa e condivisa dai dipendenti. Si assisterebbe in breve, se così non fosse, a uno scollamento tra le intenzioni del datore di lavoro e i comportamenti dei lavoratori, siano essi manager o semplici dipendenti.

SEGRETO n. 3: il messaggio della missione deve essere chiaro e apparire su tutti i mezzi di comunicazione aziendale.

La missione diventerà nota a tutti coloro che, in un modo o nell'altro, verranno in contatto con l'azienda solo se il messaggio apparirà sulle bacheche fisiche o virtuali, sui siti internet, sui depliant e brochure aziendali.

I concetti appena espressi introducono il discorso sul processo di comunicazione interno, elemento questo di estrema importanza nel favorire o ostacolare la creazione di un corretto clima aziendale.

Il processo di comunicazione

Può meravigliare che si consideri la comunicazione aziendale uno dei sei pilastri che costituiscono la struttura portante di un'azienda, ma una buona pianificazione della comunicazione interna contribuisce indubbiamente ad aumentare l'efficacia della propria forza lavoro.

SEGRETO n. 4: obiettivo della comunicazione interna è quello di sviluppare una forza lavoro capace di comprendere a fondo la missione aziendale, gli obiettivi e i valori dell'organizzazione.

I contenuti della comunicazione interna devono vertere, nelle più diverse forme, sulla visione, sulla missione, sui valori e sugli obiettivi dell'azienda in modo tale da rafforzare l'identità dell'organizzazione, agevolando l'allineamento degli obiettivi individuali a quelli aziendali. La comunicazione interna si differenzia in due distinte direzioni:

- **dall'alto verso il basso (top-down)**: le informazioni fluiscono dal vertice dell'azienda verso tutti i dipendenti. Gli strumenti a disposizione dell'organizzazione per effettuare questo genere di comunicazioni sono, ad esempio, le e-mail, le circolari, la rete intranet, le riunioni, gli eventi aziendali, i colloqui capo-dipendente, le comunicazioni datoriali ecc.

- **dal basso verso l'alto (down-top)**: il flusso di informazioni va nella direzione inversa alla precedente. Gli strumenti disponibili sono, a titolo di esempio, questionari, verifiche di clima, colloqui capo-dipendente, incontri con la direzione ecc.

Mi limito, come fatto nei precedenti capitoli, a fornire alcune indicazioni sull'uso degli strumenti più impattanti sia per quanto riguarda la comunicazione top-down che quella down-top. Le *riunioni di gruppo*, siano esse a livello di funzione o di unità aziendale, rappresentano un momento d'incontro tra un capo e i suoi dipendenti.

L'azienda, tramite i capi, può fornire informazioni sulle politiche, sugli obiettivi, sui prodotti, sui risultati ottenuti e nello stesso tempo raccogliere dalla base critiche, suggerimenti, idee, segnali di clima ecc. Gli *eventi aziendali* si riferiscono, quasi sempre, a incontri con gran parte del personale in occasione del lancio di nuovi prodotti o per celebrare risultati/date particolarmente significativi, con obiettivi prettamente motivazionali. Questo strumento di comunicazione meglio si adatta ad aziende medio/grandi e può avere costi notevoli.

Wikipedia definisce una *rete intranet* come «una rete locale o un raggruppamento di reti locali, usate all'interno di un'organizzazione per facilitare la comunicazione e l'accesso all'informazione, che può essere ad accesso ristretto, limitato o riservato per gli utenti».

L'adozione di una rete intranet è, nuovamente, una soluzione da prendere in considerazione quando la forza lavoro è numerosa e si rivela particolarmente utile se, gran parte di essa, è decentrata su diverse unità produttive o, addirittura, su tutto il territorio nazionale, come nel caso delle reti di venditori. Gli strumenti che, invece, considero utilizzabili da tutte le aziende, qualunque siano le loro dimensioni, sono i *colloqui capo-dipendente*. Esistono diverse occasioni, nelle quali i capi dovrebbero condurre colloqui personalizzati con i propri dipendenti quali ad esempio:

- colloquio di valutazione, per esprimere al dipendente l'opinione dell'azienda sulle sue prestazioni e, laddove fosse necessario, concordare azioni correttive;
- colloquio motivazionale con finalità che possono essere

diverse. È un'occasione per far arrivare al dipendente parole di elogio per qualche contributo particolarmente significativo, come può essere necessario rassicuralo ed incoraggiarlo se stesse subendo momentanei periodi di crisi;

- colloquio di counseling da pianificare se il dipendente non risponde ai primi interventi del capo, tesi a correggere le sue prestazioni non in linea con le aspettative aziendali;
- colloqui di correzione che seguono quelli di counseling, qualora il dipendente, malgrado ripetuti interventi del capo, non corregge i suoi comportamenti, continuando a dare prestazioni insufficienti.

SEGRETO n. 5: le comunicazioni down-top nella piccola e media industria sono le più trascurate, mentre sono una fonte importantissima per la raccolta dei così detti segnali deboli.

Ho già chiarito lo strumento dei colloqui capo-dipendente che, è facilmente comprensibile, funziona anche per le comunicazioni dal dipendente verso l'azienda; vorrei invece sensibilizzarti sull'importanza degli incontri con la direzione. Possono essere organizzati con poca spesa e richiedono solo la disponibilità del management ad investire un paio di ore all'anno per colloquiare con i dipendenti. Una sola raccomandazione affinché questi incontri siano apprezzati e rimangano produttivi nel tempo:

SEGRETO n. 6: rispondi con franchezza alle domande e non fare promesse o concessioni, quando corri il rischio di non poterle mantenere.

Le *verifiche di clima*, infine, sono normalmente progettate e condotte da società di consulenza e, di conseguenza, hanno dei costi non sempre sopportabili dalle medie aziende ed ancor meno dalle piccole realtà imprenditoriali; nell'ipotesi che comunque tu sia interessato ad utilizzarle fai attenzione al fatto che creano grandi aspettative nel personale e, se deluse, si ottiene l'effetto contrario a quello desiderato.

Il processo di comunicazione aziendale non contempla solamente quella interna, ma anche quella rivolta ai pubblici esterni e mi sembra doveroso fare un breve accenno agli scopi di quella esterna, visto che sta assumendo un'importanza sempre maggiore. La comunicazione esterna d'impresa deve tenere conto, oggi, di tre elementi: il formarsi di nuovi gruppi sociali, di nuove culture e di nuovi modelli di consumo. L'impresa, inoltre, interagisce con tutta una serie di fattori e tra i più importanti citerei il mercato finanziario, il sistema legislativo e quello economico. Questo porta a dover considerare che, almeno in teoria, i pubblici delle aziende sono numerosissimi.

Le recenti vicende del nostro paese hanno, però, evidenziato che sono poi pochi quelli determinanti per la gestione delle imprese, grandi o piccole che siano; tra le istituzioni è impossibile non considerare l'influenza dei governi, della pubblica amministrazione, della magistratura e delle organizzazioni sindacali.

Sono gli istituti di credito, gli azionisti e gli investitori potenziali i pubblici definibili come finanziari, in grado di determinare, frequentemente, il destino di un'impresa; passando, infine al mercato, i pubblici che interagiscono a più stretto contatto con le aziende sono, ovviamente, gli acquirenti attuali, quelli potenziali, i fornitori e i concorrenti. Ebbene la comunicazione esterna di un impresa, verso tutti questi pubblici dovrebbe avere come obiettivo quello di:

- informare, per far conoscere la propria azienda e i propri prodotti;
- persuadere, per convincere della validità sia dell'impresa che dei prodotti;
- motivare i potenziali acquirenti a comprare i prodotti.

L'insieme di questi messaggi contribuisce a creare un'immagine positiva, che diventa così uno degli elementi costituenti il patrimonio intangibile dell'azienda. Mi rendo conto che, per la piccola e media impresa, è estremamente difficile finanziare e realizzare progetti di comunicazione rivolti alle istituzioni e ai pubblici finanziari, ma non è possibile rinunciare alla comunicazione rivolta al mercato.

È oggi relativamente facile attuare dei processi di comunicazione esterna con investimenti contenuti, approfittando dei nuovi mezzi, resi disponibili con l'avvento dei social network e con l'utilizzo di piattaforme, che facilitano la creazione di siti aziendali di tutto rispetto. Oggi, ad esempio, è facilissimo creare una Pagina su Facebook, con la quale è possibile far giungere i messaggi aziendali a categorie selezionate di pubblico cui mostrare i tuoi servizi o i tuoi prodotti; la tua comunicazione sarà ancora più efficace se alla creazione di una pagina Facebook accoppierai l'invio di una newsletter.

Facebook consente, infatti, d'inviare gratuitamente una newsletter ai lettori del tuo sito; per spedire newsletter, comunicazioni o aggiornamenti è necessario aprire una pagina su Facebook e linkarla dal proprio sito. Gli utenti saranno così invitati a visitare la tua pagina su Facebook e a diventare fan; una volta creata la pagina web su Facebook e ricevuto la registrazione dei primi fan, potrai inviare loro le tue comunicazioni.

È possibile, in modo simile, creare un profilo aziendale su Twitter, che ti permette di avere delle vere e proprie conversazioni con i tuoi clienti; anche in questo caso ti segnalo un'utilissima guida in italiano, appositamente studiata per le piccole aziende. Esiste, ancora, un differente modo di procedere, rivolgendosi a società che propongono il Direct e-mail marketing (Dem); l'operazione richiede la registrazione presso società che, a pagamento, mettono a disposizione i propri *data base*, con i quali è possibile programmare campagne d'invio di newsletter a target selezionati di potenziali clienti. Solo a titolo di esempio ti segnalo il sito della Vox mail, dove troverai una spiegazione dettagliata di come funziona il loro servizio Dem. Un'ultima osservazione: ribadisco che i costi sono accettabili anche per le piccole aziende, ma è comunque necessario pianificare un sistema di controllo, per verificare la validità o meno delle iniziative attuate.

RIEPILOGO DEL CAPITOLO 1:

- SEGRETO n. 1: La missione esprime lo scopo dell'impresa, il perché essa esiste e in cosa si differenzia dalle altre aziende concorrenti.
- SEGRETO n. 2: Un mansionario non è completo se non descrive anche i comportamenti strategici definiti nella missione.
- SEGRETO n. 3: Il messaggio della missione deve essere chiaro e apparire su tutti i mezzi di comunicazione aziendale.
- SEGRETO n. 4: Obiettivo della comunicazione interna è quello di sviluppare una forza lavoro capace di comprendere a fondo la missione aziendale, gli obiettivi e i valori dell'organizzazione.
- SEGRETO n. 5: Le comunicazioni down-top nella piccola e media industria sono le più trascurate, mentre sono una fonte importantissima per la raccolta dei così detti segnali deboli.
- SEGRETO n. 6: Rispondi con franchezza alle domande e non fare promesse o concessioni, quando corri il rischio di non poterle mantenere.

CAPITOLO 2:

Come costruire un team vincente

SEGRETO n. 7: ogni azienda è un insieme di individui le cui energie devono convergere verso obiettivi comuni; i dipendenti hanno bisogno di ricevere precise responsabilità e sentirsi valutati rispetto ad esse.

Queste semplicissime e condivisibili indicazioni non possono essere attuate se prima non si è messo a punto un sistema per descrivere le mansioni, se non altro, per le posizioni più significative in azienda; senza una pur minima descrizione delle responsabilità, che competono a determinate posizioni, non si può essere certi che i dipendenti sappiano esattamente cosa devono fare.

La descrizione delle mansioni

Non sarà possibile inoltre, valutarli correttamente né capire, nel caso ne avessero bisogno, a quale addestramento dovranno essere sottoposti per migliorare le loro prestazioni. È facilissimo accorgersi quando i dipendenti non hanno chiaro quali siano le loro mansioni e come devono gestirle, perché in azienda sentirete spesso esprimere questi commenti:

- questo lavoro non mi compete, io ho altre mansioni;
- mi sono stati assegnati altri compiti e non ho tempo per fare questo lavoro;
- nessuno mi aveva detto che era mia responsabilità fare questo lavoro;
- perché devo fare io questo lavoro?;
- qui in azienda ognuno fa quello che gli pare.

Molti imprenditori evitano di affrontare questo problema, poiché ritengono che la creazione dei mansionari sia difficile e troppo dispersiva, il che non è assolutamente vero e posso facilmente dimostrartelo. Prova a pensare a un tuo dipendente e cerca di mettere per iscritto per quali motivi, ogni mese, gli paghi lo stipendio; chiediti dunque cosa vuoi che lui faccia e quali risultati ti aspetti che lui raggiunga.

SEGRETO n. 8: individua solo le responsabilità più

importanti cui deve rispondere per compiere bene il suo lavoro.

Facciamo un esempio che è d'immediata comprensione; stiamo lavorando sulle mansioni della tua segretaria ed ecco cosa potresti scrivere:

- è responsabile di gestire tutte le tue comunicazioni sia cartacee che per email, dopo aver ricevuto da te le relative istruzioni;
- organizza i tuoi viaggi rispettando gli standard qualitativi e quantitativi dell'azienda;
- filtra le telefonate;
- gestisce, secondo le tue istruzioni, gli appuntamenti con i dipendenti e con eventuali ospiti esterni.

Hai scritto? Bene prosegui ora domandandoti che profilo deve possedere per avere la possibilità di svolgere bene la sua mansione:

- quali conoscenze deve aver acquisito attraverso gli studi: è sufficiente la licenza elementare, un diploma di specializzazione, una laurea specifica, una lingua straniera? Niente di tutto questo?

- quali capacità deve possedere: è sufficiente che sappia scrivere e leggere o deve aver imparato qualche abilità, sviluppata con le sue conoscenze o attraverso precedenti attività lavorative.
- quali sono le caratteristiche personali che distinguono un'ottima segretaria di direzione?

È possibile che, proseguendo l'esempio della segretaria tu possa aver scritto qualche cosa del genere: «Deve possedere un titolo di studio a livello di scuola superiore, conoscenza certificata di una lingua straniera, saper usare i più comuni programmi di scrittura e posta elettronica, essere organizzata, avere ottime comunicazioni scritte e orali, essere diplomatica e con buone relazioni interpersonali». Hai praticamente terminato la descrizione delle mansioni.

SEGRETO n. 9: mettendo insieme, in un unico documento, le responsabilità, le capacità e le caratteristiche personali tu avrai un completo profilo della mansione.

Sento già qualche scettico che mi accusa di aver scelto un facile esempio e che per altre mansioni la definizione del profilo sarebbe molto più difficile; bene, concordo certamente sul più difficile, ma non a tal punto da pensare che solo un professionista della gestione del Personale possa farlo. Controlliamo se quello che affermo è vero, cercando di descrivere le mansioni e il profilo di un responsabile paghe e contributi, mansione certamente più complessa di quella di una segretaria.

Identifichiamo subito le sue principali responsabilità cioè per quali motivi lo retribuiamo. Vediamo se sei d'accordo con qualcuna o tutte le seguenti affermazioni:

- assicura che le assunzione, i trasferimenti, le promozioni e le risoluzioni del rapporto di lavoro siano portate a termine con precisione e rapidità;
- garantisce il rispetto delle leggi relative agli obblighi aziendali fiscali e contributivi; nel caso di non adeguatezza delle procedure aziendali, propone al management i necessari cambiamenti operativi;
- assicura che le retribuzioni, i benefit, le ferie, i permessi ecc. siano in linea con quanto previsto dai contratti nazionali di categoria;
- gestisce la preparazione dei rapporti (forza lavoro, ore

lavorate, ferie, tasse e contributi) secondo cadenze concordate con il management.

Sarà necessario, se sei d'accordo su queste responsabilità, che il tuo responsabile paghe e contributi, perché possa operare con successo, abbia un profilo molto simile a questo:

- deve possedere il diploma di ragioneria;
- aver maturato un certo numero di anni di esperienza come impiegato nel reparto paghe e contributi;
- deve aver maturato una profonda conoscenza delle leggi sul lavoro;
- avere acquisito una conoscenza dei software per la gestione di paghe e contributi.

Credo che anche tu possa facilmente convenire che le caratteristiche personali di una figura con queste responsabilità non possano che essere: buon pianificatore e organizzatore, preciso e attento ai dettagli, tollerante allo stress e capace di lavorare in gruppo.

Magari non avresti usato le mie parole ma, sono abbastanza sicuro che avresti potuto comunque fare una buona descrizione delle mansioni del tuo responsabile paghe e contributi, così come potresti, con questo schema, farlo per tutte le più importanti figure aziendali.

Certo se tu sei un imprenditore, ti starai domandando se è proprio giusto che sia tu a fare questo lavoro; sicuramente no, ma è corretto che tu scelga, fra i tuoi collaboratori, qualcuno che, per la conoscenza dell'azienda e per la capacità di giudizio sia in grado di prepararti un'accettabile descrizione delle mansioni. È solo dopo aver portato a termine questo processo che potrai sperare di fare delle assunzioni mirate sulle tue esigenze.

La selezione del personale

Il successo della tua azienda dipenderà, in gran parte, dal team che sei riuscito a costruire e ciò è strettamente connesso alla messa a punto del processo che abbiamo già analizzato. Costruire un team, che sia coerente con gli obiettivi della tua impresa, è possibile solo a patto che, nel processo di selezione dei dipendenti, si tengano presenti gli indirizzi che ti sei dato nella missione e i profili delle posizioni, necessarie alla tua attività.

Il problema è dunque avere le persone giuste al posto giusto; questo fattore è, frequentemente, sottovalutato per una serie di ragioni, prima fra tutte quella che, in perfetta buona fede, molti imprenditori ritengono di sapere come selezionare il personale, basandosi esclusivamente sulla propria intuizione.

Raccomando caldamente, per contro, di fare un atto di umiltà e riconoscere che, per il bene dell'azienda, è consigliabile affidare questo compito a professionalità interne, laddove sia possibile permetterselo, o ad affidabili e provate società esterne. Quali sono i passaggi affinché questo pilastro sia solido e proporzionato alle esigenze dell'azienda?

SEGRETO n. 10: a chiunque venga affidato l'incarico di selezionare uno o più dipendenti, deve essere fornito il profilo di competenze costruito per il ruolo in esame.

È praticamente impossibile trovare un candidato con un profilo che sia esattamente quello desiderato. È necessario, pertanto adottare dei metodi che limitino le possibilità di errore.

SEGRETO n. 11: non assumere alcun candidato se nessuno è in possesso di alcune competenze (max. 5-6) per te irrinunciabili.

Nulla vieta di affidare ai capi diretti delle persone da assumere la responsabilità della scelta finale, ma deve essere chiaro che le scelte, giuste o sbagliate che si rivelino, peseranno sulla loro valutazione. Queste considerazioni mi permettono di sottolineare e ribadire l'importanza di affidare la selezione del personale a professionisti. Ciò che differenzia questi ultimi da qualunque altro funzionario aziendale è l'abilità di trarre, dalle risposte dei candidati, delle corrette valutazioni sulle loro caratteristiche, basate su conoscenze di psicologia del lavoro e sulle casistiche, concretizzate con anni di esperienza nel settore.

I selezionatori non professionisti, in maniera del tutto inconsapevole, cadono spesso in errori di valutazione, poiché non riescono a evitare che la relazione con l'esaminato venga, in qualche modo, a influire sulla loro capacità di giudizio.

Gli esperti del settore sanno molto bene che il modo con cui il selezionatore vive il suo ruolo, è conseguenza di motivazioni personali e si traduce in atteggiamenti psicologici interattivi con il candidato. Una prima fonte di errori si evidenzia quando l'incaricato della selezione vive con il candidato una modalità di relazione definita "*bisogno di affiliazione*"; questo è il caso in cui ci si sente irrazionalmente portati ad avere un atteggiamento molto positivo nei riguardi dell'esaminato. Il selezionatore assume comportamenti amichevoli e comprensivi, al punto di arrivare a facilitare la sua prova e correndo il rischio di esprimere valutazioni troppo favorevoli su quella persona.

Diversa è la situazione in cui il selezionatore vive una modalità definita "*bisogno di potere*"; in questo caso si tende ad esaltare il proprio ruolo di controllo sull'esaminato, in modo che quest'ultimo avverta la sua posizione di debolezza e subordine. Il selezionatore tende ad assumere comportamenti aggressivi nei confronti dell'esaminato, alterando i risultati della prova.

Esiste infine una terza modalità, conosciuta come "*bisogno di riuscita*"; in questo ultimo caso l'esaminatore non sente il bisogno di controllare o comandare il candidato ma di rivaleggiare con lui, approfittando della maggior conoscenza degli argomenti oggetto dell'intervista. Tale modalità si traduce nell'assumere atteggiamenti freddi e burocratici, creando con ciò un inutile stato d'ansia nel candidato sul quale, nuovamente, si corre il rischio di esprimere valutazioni non corrette. Penso e spero che, con queste osservazioni, sia riuscito a convincerti sulla necessità di affrontare il processo di selezione del personale in modo assolutamente professionale, o con esperti interni all'azienda o con consulenti esterni. È però necessario, per mantenere inalterata la solidità di questo pilastro, effettuare, ogni tanto, delle verifiche sulla sua robustezza, valutando, a distanza, la bontà delle selezioni.

Parti dal concetto che, pur adottando i più validi criteri di selezione, è nelle umane cose compiere degli errori; va allora verificato se sono casuali ed inevitabili o se sono dovuti a qualche difetto eliminabile. Oggi il mercato del lavoro è perturbato e in profonda crisi, quindi ne risentono anche i comportamenti dei dipendenti che, se non motivati dalle mansioni svolte e dal clima aziendale, ben difficilmente rassegnano le dimissioni.

Il rilevare atteggiamenti conflittuali a breve distanza di tempo dall'inserimento in azienda ti deve mettere in allarme. Sono possibili, in questo caso, due alternative:

- non è stato ben descritto il profilo delle persone da assumere, il che induce all'errore il responsabile della selezione.
- è sbagliata la scelta del selezionatore che, malgrado la correttezza dei profili, non riesce ad individuare i migliori candidati per le posizioni offerte dall'azienda.

Rimane da vedere un ulteriore elemento che, nell'ambito dell'intero processo di selezione, ha subito negli ultimi tempi, dei profondi cambiamenti; mi riferisco alla fase del reclutamento, cioè a tutte quelle operazioni indirizzate a raccogliere un significativo numero di candidati, tra cui individuare, nella successiva fase dei colloqui di selezione, quello da assumere.

Ricorderai, se non sei giovanissimo che, alcuni anni fa, le aziende quando erano alla ricerca di personale, mettevano delle inserzioni sui quotidiani più importanti, inserzioni che occupavano in taluni casi grandi spazi di pagina o piccole finestre, a seconda delle possibilità economiche dell'azienda.

Il giovedì o il venerdì di ogni settimana, quotidiani dell'importanza del «Corriere della Sera», del «Messaggero», della «Stampa» ecc. pubblicavano pagine e pagine di ricerca di personale con significativi costi per le aziende; allora questo era il modo principale di fare reclutamento. Lentamente le cose sono cambiate, anche perché le spese erano eccessive, e invalso l'uso di individuare i potenziali candidati tramite attività di networking, pratica tutt'ora molto in auge; i candidati presi in considerazione vengono segnalati da colleghi, conoscenti, sindacalisti, politici, famigliari ecc.

Definire l'attività di networking un vero e proprio reclutamento non è corretto. Si agisce su un troppo limitato numero di candidati e si prendono decisioni influenzate, in qualche modo, dal rapporto che si ha e si vuole mantenere con la figura, che ci ha segnalato il candidato.

SEGRETO n. 12: il processo di reclutamento di personale più moderno, ancora in via di sviluppo, è quello che si avvale di tutti gli strumenti offerti oggi dalla rete.

È oggi possibile utilizzare i social network come Facebook, i business network come Linkedin e Viadeo e le innumerevoli piattaforme digitali, che agiscono da punto d'incontro tra la domanda e l'offerta. Sono ormai nomi molto noti ma, tra i tanti, vale la pena ricordare quelli che sono stati i pionieri come Monster, Trova Lavoro, Stepstone, Jobcrawler, Careerjet e i più moderni Talent Manager e Experteer.

Tutti questi portali intercettano i CV di persone alla ricerca di un lavoro e creano delle banche dati cui possono accedere le aziende, a costi decisamente sopportabili; bisogna, d'altro canto, prendere atto che i portali non esercitano alcun controllo sulla veridicità dei CV raccolti e, spesso, non è preciso il sistema di catalogazione per cui alcune ricerche possono rivelarsi infruttuose.

Linkedin, a mio giudizio, rimane il network più affidabile per le posizioni medio-alte, avendo messo a punto una metodica che, in un certo senso, rende più credibili le informazioni fornite alle aziende:

- agli iscritti non è richiesto l'invio di un semplice CV, ma devono compilare un accurato profilo in termini di conoscenze, capacità e caratteristiche personali. Linkedin segnala, anche in maniera grafica, se il profilo descritto può considerarsi ottimale o è carente, non fornendo quindi sufficienti garanzie;

- ad ogni iscritto viene poi suggerito di crearsi un proprio network, invitando ad aderire colleghi di lavoro passati e presenti o figure professionali con cui si sono tenuti contatti di lavoro;
- il sistema in maniera automatica chiede poi agli appartenenti del network di certificarsi, a vicenda, le competenze che vengono dichiarate nei profili personali.

È ovvio che non si può escludere un reciproco scambio di favori, ma ho potuto constatare personalmente, che mentre certi profili ricevono numerose certificazioni, altri risultano molto poco condivisi, dando l'immediata impressione che alcune dichiarazioni non corrispondano a verità.

Ultima metodica, ma non meno importante, per effettuare un reclutamento a bassissimo costo è l'inserimento, nel sito web aziendale, della pagina "lavora con noi" su cui far affluire i CV dei potenziali candidati alle posizioni aperte. Ciò presuppone la creazione del sito che, ovviamente, avrà anche altri obiettivi sia istituzionali che di web marketing, ma dovrà essere previsto l'utilizzo di una persona, sia pure a tempo parziale, per l'analisi e la selezione dei CV.

RIEPILOGO DEL CAPITOLO 2:

- SEGRETO n. 7: Ogni azienda è un insieme di individui le cui energie devono convergere verso obiettivi comuni; i dipendenti hanno bisogno di ricevere precise responsabilità e sentirsi valutati rispetto ad esse.
- SEGRETO n. 8: Individua solo le responsabilità più importanti a cui deve rispondere per compiere bene il suo lavoro.
- SEGRETO n. 9: A chiunque venga affidato l'incarico di selezionare uno o più dipendenti, deve essere fornito il profilo di competenze costruito per il ruolo in esame.
- SEGRETO n. 10: Non assumere alcun candidato se nessuno è in possesso di alcune competenze (max. 5-6) per te irrinunciabili.
- SEGRETO n. 12: Il processo di reclutamento di personale più moderno, ancora in via di sviluppo, è quello che si avvale di tutti gli strumenti offerti oggi dalla rete.

CAPITOLO 3:

Come migliorare le prestazioni dei dipendenti

Leggo sul n. 35 di Panorama del 21 Agosto 2013 un breve intervento di Piercarlo Ceccarelli, presidente della Ceccarelli Spa, società di consulenza di direzione. Ceccarelli alla domanda su cosa serve alle imprese per competere, crescere e creare nuova occupazione, risponde con un elenco di cinque priorità.

Mette al primo posto la necessità d'innovare prodotti, tecnologie e processi; prosegue con le dimensioni delle aziende rovesciando il detto «piccolo è bello». Oggi, purtroppo, piccolo è brutto in quanto, le aziende hanno bisogno di una massa critica per accedere a risorse e competenze necessarie per competere.

Considera al terzo punto la capacità d'intercettare nuovi mercati, al quarto la necessità di reperire nuovo capitale a rischio ed al quinto la valorizzazione delle risorse umane, capitale sempre più prezioso per le nuove sfide. Cito testualmente una frase dell'articolo quando Ceccarelli afferma che bisogna «promuovere le buone idee e premiarle adeguatamente. Il potenziale inespresso dai collaboratori è enorme. È un'area nella quale ritengo si debbano fare grandi passi avanti».

SEGRETO n. 13: valorizzare la risorsa umana, premiare adeguatamente i contributi in idee e risultati, presuppone un sistema di valutazione il più oggettivo possibile.

Debbo, purtroppo, dare a Ceccarelli completamente ragione quando afferma che le aziende debbono fare grandi passi avanti in questo campo, in quanto, nel nostro paese, è elevatissimo il numero delle piccole e medie aziende che non hanno mai adottato un seppur minimo processo di valutazione; alle loro fondamenta manca un pilastro!

La valutazione del personale

Vorrei subito eliminare il preconcetto sui processi di valutazione, quando si afferma che sono complicati, costosi e poco graditi dal personale; i processi possono benissimo essere adattati alle dimensioni aziendali, alle possibilità economiche ed essere condivisi dal personale dipendente. Mi aspetto, comunque, che tu e molti altri lettori mi vogliate fare una domanda: «Pier Paolo ma per quali ragioni insisti tanto sulla necessità di approntare un processo per valutare il personale?».

Ci sono diverse ragioni ma una è quella prioritaria; se ammetti che un'azienda privata, piccola o grande che sia, deve essere condotta in modo da creare un ambiente fortemente meritocratico, ciò non è realisticamente possibile, senza avere un processo di valutazione *oggettivo*.

SEGRETO n. 14: Non è possibile contare su personale motivato se non si è in grado di identificare i reali contributori ai risultati aziendali e premiarli di conseguenza.

È l'unico sistema per isolare fannulloni e negligenti; in caso contrario, in un tempo più o meno lungo, le prestazioni si appiattiranno verso il basso, poiché nessun dipendente sarà stimolato a distinguersi dai battifiacca. Mi sento impegnato adesso a smontare una per una tutte le critiche contrarie ad adottare un qualunque processo di valutazione del personale;

cominciamo subito con il dire che, se tu avessi adottato un sistema per la descrizione delle mansioni, saresti già un bel passo avanti, poiché questa è la base per stabilire, successivamente, degli oggettivi criteri di misura (standard di performance). Vorrei, come primo punto, demolire la critica sul costo dei processi di valutazione. Ci sono due aspetti che incidono sulle scelte dell'imprenditore:

- quale popolazione è giustificato, utile e corretto sottoporre al processo;
- quale metodo di valutazione mi posso permettere di adottare.

Teoricamente, e solo teoricamente, sarebbe giusto estendere il processo a tutta la popolazione aziendale dai dirigenti agli operai ma, da un punto di vista pratico, le figure per le quali è utile e necessario applicare un processo di valutazione sono quelle strategiche per l'azienda, quelle cioè che, con il loro lavoro, influenzano in modo determinante i risultati aziendali.

Una soluzione pratica al problema, che ho visto applicata con successo nelle aziende in cui ho lavorato, è quella di prevedere un processo più raffinato per le posizioni strategiche ed uno molto semplice per impiegati ed operai, ammesso che si voglia estendere la valutazione a tutto il personale aziendale. Il costo del processo è funzione, essenzialmente di tre fattori:

- quale metodo di valutazione si è scelto;
- quante sono le persone coinvolte nel processo come valutatori;
- quanto tempo richiede effettuare la valutazione del personale coinvolto.

Sono molte le metodiche di valutazione che si possono leggere nei testi di gestione delle risorse umane o che, di tanto in tanto, vengono elaborate dalle società di consulenza, nel tentativo di trovare quella perfetta. La discussione sulle metodiche si è concentrata nel tempo su due aspetti:

- cosa è necessario e possibile valutare. Ogni mansione ha, infatti, aspetti di carattere quantitativo ed altri di carattere qualitativo e mentre per i primi è abbastanza facile trovare dei sistemi di misura, per i secondi è sicuramente più difficile.
- chi deve valutare il dipendente. Le metodiche più semplici prevedono che sia il capo diretto a valutare i propri dipendenti, per passare poi, perlomeno, a due livelli gerarchici superiori, a comitati di valutazione che possono arrivare a comprendere,

colleghi, subordinati, clienti interni ed esterni del ruolo sottoposto a valutazione.

Questo corso vuole persuadere la dirigenza aziendale sulla necessità di adottare alcuni processi che si ritengono fondamentali per la salute e lo sviluppo dell'impresa, ma non entra nei dettagli degli stessi. Accenno solamente che, rimanendo con i piedi per terra, per valutare oggettivamente gli aspetti quantitativi delle mansioni sarà bene dotarsi di standard di performance, mentre per gli aspetti qualitativi sono di grande aiuto gli indicatori di comportamento. Chi volesse approfondire queste tematiche troverà dettagliate spiegazioni nel mio precedente corso sulla Valutazione e Selezione del Personale, pubblicato dalla Bruno Editore.

Aggiungo che la valutazione dovrebbe essere espressa, perlomeno, da un piccolo comitato, composto da i due livelli gerarchici superiori del dipendente più una figura neutrale come un funzionario del Personale o da un funzionario scelto come coordinatore del processo. La seconda favola metropolitana è quella sul poco o nullo gradimento dei processi di valutazione da parte dei dipendenti. Chi come me ha vissuto sempre in aziende che avevano adottato dei processi, a seconda dei casi, più o meno complessi, ti potrà assicurare che coloro che criticano i processi di valutazione appartengono a due ben precise figure aziendali:

- alcuni capi che non meritano questo appellativo in quanto, non avendo leadership, hanno poco a cuore lo sviluppo dei propri dipendenti, considerano faticoso raccogliere elementi per esprimere valutazioni oggettive ma, soprattutto, odiano confrontarsi con i subordinati quando questi non danno i risultati attesi.
- tutti quei dipendenti che, in assenza di un clima meritocratico e di un processo di valutazione, vogliono e possono vivacchiare in azienda, talvolta non portando alcun contributo ai risultati, sapendo di non rischiare alcunché sia in termini economici sia come conservazione del posto di lavoro.

Rimane, infine, da sottolineare la stretta connessione del processo di valutazione con quello relativo alla formazione e sviluppo del personale; senza il primo non è neanche possibile pensare di costruire il secondo e, in tal senso, all'azienda verrebbero a mancare due dei sei pilastri necessari a costruire delle buone fondamenta. Questo non è il pilastro di maggiori dimensioni, poiché è quello meno complesso da costruire, ma le statistiche dicono che, ormai da molti anni, è quello su cui le aziende, fatte salve rare eccezioni, hanno investito poco o addirittura niente.

Formazione e sviluppo del personale

Era comprensibile, sino al 2007-08 che, in momenti di difficoltà economiche, le aziende scegliessero di risparmiare sui budget della formazione; oggi questa è una scelta non più conveniente poiché, come si diceva all'inizio, le imprese, per sopravvivere devono crescere e, senza programmi di formazione e sviluppo del personale, ciò diventa impossibile.

L'aspetto economico, per quanto fondamentale, non è tutto; anche nei momenti difficili da un punto di vista finanziario non si dovrebbe mai rinunciare a fare formazione. La crescita professionale è un doppio vantaggio perché, da un lato, aiuta il dipendente nella propria carriera ma, dall'altro aiuta l'azienda ad avere gente più preparata quando il lavoro riprenderà e sarà necessario essere più agguerriti nell'affrontare la concorrenza. Non bisogna poi dimenticare che, talvolta, fare formazione per i propri dipendenti può risultare alle aziende del tutto gratuito; basti pensare alle innumerevoli forme di finanziamento, fra cui sicuramente i fondi interprofessionali (es. Fondo Impresa).

SEGRETO n. 15: il primo passo per rimanere competitivi è considerare la formazione del personale come un investimento che darà i suoi frutti all'azienda nel tempo.

Rimanere competenti e aggiornati è un passo obbligato per la sopravvivenza di ogni azienda e del sistema produttivo nel suo insieme. Può sembrare un assurdo ma, in un clima di grande incertezza come quello che ci troviamo ad affrontare oggi, bisogna convincersi che non si può rinunciare alla formazione, perché le altre economie con cui l'Italia deve competere, sono snelle ed efficienti.

Fatte queste indispensabili premesse vorrei, adesso, spostare la tua attenzione su due fattori che possono condizionare il successo di qualunque processo di formazione e sviluppo:

- i progetti di formazione e sviluppo devono derivare dalle risultanze del processo di valutazione: in mancanza di questo, corrono il rischio di non essere coerenti con le reali necessità del personale.

- bisogna distinguere tra formazione e sviluppo: la formazione deve essere indirizzata a correggere i difetti di prestazione, mentre lo sviluppo avrà come obiettivo quello di potenziare capacità e caratteristiche di dipendenti in grado di svolgere mansioni con responsabilità crescenti.

Diventa qui chiaro quali sono i minimi risultati che ci si deve attendere da un seppur semplice processo di valutazione del personale; se ben condotto questo dovrà, innanzi tutto, individuare quali capacità sono statisticamente le più deboli nella tua organizzazione e su queste dovranno essere indirizzati i programmi di formazione.

Il secondo obiettivo consiste nell'individuare, all'interno della tua organizzazione, quei dipendenti che dimostrano di avere capacità e caratteristiche potenzialmente sviluppabili per incarichi superiori. Fatta questa indispensabile premessa, chiariamo, seppure molto succintamente, alcuni aspetti pratici relativi ai programmi di formazione e di sviluppo del personale.

SEGRETO n. 16: la formazione consiste nel fornire, mediante

appropriati programmi le conoscenze e le capacità necessarie a svolgere una determinata attività.

La formazione si realizza fondamentalmente attraverso tre possibili modalità:

- **Formazione interna**: utilizza le strutture organizzative e le competenze interne per iniziative che possono essere indirizzate a singoli individui o collettive per gruppi omogenei.
- **Formazione esterna**: rientrano in questa modalità la partecipazione, anche in questo caso di singoli dipendenti o di gruppi di dipendenti a corsi, convegni, congressi, seminari organizzati da strutture esterne all'azienda.
- **Tutoraggio**: è questo il caso in cui si affianca un operatore esperto a un singolo dipendente per facilitare l'apprendimento di specifiche attività.

Molto diversi sono gli interventi che, di norma, si adottano per attuare dei programmi di sviluppo del personale; prima di addentrarsi in questo argomento, devo introdurre dei nuovi concetti sul processo di valutazione, quando l'obiettivo è quello di valutare il potenziale di alcuni dipendenti. Ci sono diverse interpretazioni su quali caratteristiche deve possedere un dipendente per essere considerato potenziale; un primo criterio potrebbe essere quello di valutare un individuo ad alto potenziale, quando questo dimostri di possedere un'elevata predisposizione ad una crescita professionale non vincolata a precisi ruoli.

Un secondo criterio, a mio giudizio più corretto, prende in considerazione quei dipendenti che, in funzione delle loro prestazioni attuali, potrebbero accedere a ben precise posizioni di maggior responsabilità.

SEGRETO n. 17: lo sviluppo del personale prevede la capacità di riconoscere quei dipendenti che possiedono competenze e caratteristiche personali tali da poter ambire a ruoli con responsabilità crescenti.

Il metodo più semplice e meno costoso è quello di affidare alla linea gerarchica il compito di individuare, tra il personale che gli riporta, quei dipendenti che sembrano possedere il potenziale per crescere. Si può affidare, avendo maggiori possibilità economiche, l'incarico a una società di consulenza i cui costi, nel caso si debba sottoporre a valutazione solo pochi dipendenti, possono anche essere contenuti.

L'ultima possibilità, decisamente costosa ed adatta ad aziende di grandi dimensioni, è l'utilizzo dell'Assessment Center; l'Assessment Center è una metodologia di indagine utile ad individuare il possesso di determinate capacità e caratteristiche necessarie per svolgere con successo alcune specifiche attività professionali.

La verifica di tali capacità avviene attraverso delle esercitazioni che simulano la realtà operativa e organizzativa di un'azienda consentendo la rilevazione dei comportamenti messi in atto dagli individui coinvolti.

Il metodo permette, quindi, di valutare il possesso di capacità, attitudini, motivazioni dei candidati, attraverso una sorta di laboratori, durante i quali un gruppo di osservatori esamina azioni e interazioni messe in atto, assegnando dei punteggi che andranno a costituire la scheda di valutazione dell'aspirante. Ammesso che tu abbia, con una delle metodologie sopra descritte, individuato uno o più dipendenti potenzialmente in grado di crescere, rimane da vedere quali interventi formativi utilizzare per portarlo, in un tempo più o meno lungo, ad assumere ruoli con responsabilità crescenti. Questi interventi possono essere fondamentalmente di tre tipi:

- effettuare un allargamento delle mansioni (*job enlargement*): in pratica si tratta di assegnare più compiti al dipendente, lasciando immutate le sue responsabilità;
- effettuare un arricchimento delle mansioni (*job enrichment*): in questo caso le mansioni restano immutate ma, all'interno di esse, si assegnano maggiori responsabilità.
- rotazione delle mansioni (*job rotation*): in un ragionevole lasso di tempo, al dipendente vengono assegnate mansioni diverse.

Tutte queste iniziative hanno un duplice scopo; da un lato permettono all'interessato di incrementare le sue conoscenze e capacità mentre, dall'altro, permettono all'azienda di valutare le reazioni del dipendente, confermandone o meno le sue potenzialità.

RIEPILOGO CAPITOLO 3:

- SEGRETO n. 13: Valorizzare la risorsa umana, premiare adeguatamente i contributi in idee e risultati, presuppone un sistema di valutazione il più oggettivo possibile.
- SEGRETO n. 14: Non è possibile contare su personale motivato se non si è in grado di identificare i reali contributori ai risultati aziendali e premiarli di conseguenza.
- SEGRETO n. 15: Il primo passo per rimanere competitivi è considerare la formazione del personale come un investimento che darà i suoi frutti all'azienda nel tempo.
- SEGRETO n. 16: La formazione consiste nel fornire, mediante appropriati programmi le conoscenze e le capacità necessarie a svolgere una determinata attività.
- SEGRETO n.17: Lo sviluppo del personale prevede la capacità di riconoscere quei dipendenti che possiedono competenze e caratteristiche personali tali da poter ambire a ruoli con responsabilità crescenti.

Conclusione

Solo poche parole a conclusione di questo corso il cui obiettivo era quello di permetterti di valutare, rapidamente, la solidità della tua azienda, ammesso che ti abbia convinto sull'importanza dei sei processi presi in considerazione. Mi rendo perfettamente conto che, per qualche piccola realtà imprenditoriale, possa costituire uno sforzo non indifferente adottare ex-novo o migliorare i processi in questione, ma basta guardare cosa sta succedendo nel nostro paese per capire che le strutture aziendali vanno rinforzate.

La lentezza della burocrazia, l'instabilità politica, la difficoltà di ottenere crediti dalle banche o il pagamento dei crediti dallo Stato ha reso quasi impossibile, nel nostro paese, continuare a gestire un'impresa se questa non ha basi più che solide. Molte aziende stanno pensando di delocalizzarsi o internazionalizzarsi, ma per fare questo devono aver raggiunto certe dimensioni e avere ormai rodati processi come quelli ricordati in questo corso.

È questo il problema di moltissime piccole aziende italiane che non sono ancora riuscite a trasformarsi da imprese a carattere padronale a imprese manageriali. Il trend sembra ormai tracciato; tra non molto ai sei pilastri già discussi in questo corso si dovrà aggiungere la capacità di internazionalizzarsi, per competere sul mercato globale.

Non è il mio campo di competenza, quindi mi limito a segnalarti che nella collana per le aziende della Bruno Editore potrai già trovare alcuni corsi su questo argomento come, ad esempio, Business con la Cina, Internazionalizzare l'azienda, Business plan internazionale.

È dall'introduzione di questo ultimo corso che traggo la seguente affermazione: «*Internazionalizzarsi oggi non rappresenta più una scelta, ma è un percorso obbligato. Per le imprese che non lo faranno si restringeranno sempre di più gli spazi di mercato perché la concorrenza sarà sempre più agguerrita. In un contesto competitivo come quello attuale, caratterizzato da una elevata globalizzazione dei mercati e da una accesa competizione è però indispensabile pianificare e valutare molto attentamente le azioni che si vogliono intraprendere* ».

Internazionalizzarsi è dunque necessario, ma il processo va progettato e pianificato con estrema attenzione; un invito dunque a consultare i testi di cui sopra e un interessantissimo testo, pubblicato dalla Compagnia delle Opere, dal titolo Vademecum per l'internazionalizzazione.

Potrai iniziare a progettare, se già non lo hai fatto, l'espansione del tuo business se la verifica dei processi fondamentali ti ha dato un esito positivo ma, in caso contrario, è tempo che tu metta mano a quei stessi processi, per rendere più solida la struttura della tua azienda.

SITOGRAFIA

1. Cosa motiva i tuoi collaboratori - All Winners
2. Creare una pagina Pagina Facebook - Facebook
3. Twitter per le piccole azienda - Twitter
4. Servizio Direct e-mail (DEM)- Vox Mail
5. Valutazione e selezione del personale - Bruno Editore
6. Fondi per la formazione del personale - Fondo impresa
7. Business con la Cina - Bruno Editore
8. Internazionalizzare l'azienda - Bruno Editore
9. Business plan internazionale - Bruno Editore
10. Vademecum per l'internazionalizzazione - CDO

www.ingramcontent.com/pod-product-compliance
Ingram Content Group UK Ltd.
Pitfield, Milton Keynes, MK11 3LW, UK
UKHW022010190726
13853UKWH00004B/1852